TARIF

APPLICABLE AUX NOTAIRES DU RESSORT

DE

LA COUR D'APPEL DE BORDEAUX

BORDEAUX

IMPRIMERIE CADORET

17, rue Poquelin - Molière, 17

1927

TARIF

APPLICABLE AUX NOTAIRES DU RESSORT

DE

LA COUR D'APPEL DE BORDEAUX

BORDEAUX

—

IMPRIMERIE CADORET

17, rue Poquelin - Molière, 17

—

1927

DECRET DU 25 AOUT 1898

portant fixation, pour le ressort de la Cour d'appel de Bordeaux, du tarif des honoraires, vacations, frais de rôles et de voyages et autres droits qui peuvent être dus aux notaires à l'occasion des actes de leur ministère.

ARTICLE PREMIER. — Les honoraires, vacations, frais de rôles et de voyages et autres droits qui peuvent être dus aux notaires à l'occasion des actes de leur ministère sont fixés, pour le ressort de la Cour d'appel de Bordeaux, conformément au tarif ci-annexé.

ART. 2. — L'honoraire tarifé d'un acte comprend l'émolument de tous les soins, conseils, consultations, conférences, examens de pièces, projets et autres travaux relatifs à la rédaction de l'acte.

ART. 3. — Les dispositions du présent tarif ne sont point exclusives des émoluments qui peuvent être réclamés par les notaires, soit pour des travaux autres que la rédaction des actes, soit pour des missions dont ils seraient chargés à titre exceptionnel, et qui n'auraient rien d'incompatible avec la nature et la dignité de leur ministère.

Ces émoluments sont réglés à l'amiable sous le contrôle de la chambre de discipline.

Les notaires ne peuvent percevoir aucun droit de recette et de comptabilité pour l'encaissement et la garde des fonds et des valeurs déposés en conséquence ou pour l'exécution directe d'un acte de vente ou d'emprunt passé dans leur étude.

> Peuvent être compris dans les travaux donnant lieu à des émoluments supplémentaires ou exceptionnels les mandats, séquestres, administrations, etc., expertises et même les négociations de vente dans les arrondissements où ce droit est en usage, chaque chambre devant prendre pour principe de ne pas majorer les anciens usages de sa compagnie; et il est rappelé à cet égard que, dans le ressort de la Cour de Bordeaux, le droit de 0,50 p. 100 sur les capitaux et de 2 p. 100 sur les revenus a toujours été généralement perçu en matière de séquestre et d'administration.

ART. 4. — Il est interdit aux notaires, sous peine de restitution et de poursuites disciplinaires, s'il y a lieu, d'exiger des droits et honoraires plus élevés que ceux portés au tarif.

Les notaires peuvent faire remise de la totalité des honoraires d'un acte; ils ne peuvent en accorder la remise partielle qu'avec l'autorisation de la chambre de discipline.

Art. 5. — Aucun honoraire n'est dû pour l'acte, la copie ou l'extrait déclarés nuls par la faute du notaire.

Art. 6. — Lorsqu'un acte contient plusieurs conventions dérivant ou dépendant les unes des autres, il n'est perçu d'honoraires que sur la convention principale.

Si les conventions sont indépendantes et donnent lieu à des droits distincts d'enregistrement, l'honoraire est dû pour chacune d'elles.

Art. 7. — Les actes dressés sur projets présentés par les parties donnent droit aux mêmes honoraires que s'ils sont rédigés par le notaire lui-même.

Art. 8. — Les notaires doivent réclamer la consignation des frais qu'ils auront à débourser pour les actes qu'ils sont chargés de dresser.

Art. 9. — Avant tout règlement, les parties peuvent réclamer le compte détaillé des sommes dont elles sont redevables.

Ce compte est établi sur deux colonnes : l'une destinée aux déboursés et l'autre aux honoraires. Il n'est délivré qu'une fois.

Art. 10. — Le concours d'un second notaire à un même acte n'en augmente pas l'honoraire. Toutefois, si l'acte est rétribué par vacation, il est dû des vacations à chaque notaire instrumentant.

Art. 11. — Il est interdit aux notaires de partager leurs honoraires avec un tiers.

Entre notaires, si le règlement intérieur de la compagnie n'en dispose autrement, le partage se fait de la manière suivante : le notaire qui garde la minute a droit à la moitié de l'honoraire et le notaire en second à l'autre moitié; les droits de rôles appartiennent exclusivement au notaire détenteur de la minute.

Art. 12. — Le notaire constitué dépositaire des minutes d'une étude vacante par décès a droit à la moitié de tous les honoraires d'actes ou d'expéditions. L'autre moitié revient aux représentants du notaire décédé, qui sont tenus de supporter les frais d'étude.

En cas de démission, suspension ou destitution, le notaire commis a droit à tous les produits nets de l'office.

Art. 13. — Il est alloué aux notaires, suivant la nature des actes compris dans le tarif, des honoraires fixes ou gradués, des honoraires proportionnels, des vacations ou des honoraires par rôles de minute.

En outre, il leur est alloué des droits de rôles pour les expéditions qui leur sont réclamées.

Art. 14. — L'honoraire proportionnel est perçu sur le capital énoncé dans les actes. Lorsqu'il porte sur des sommes excédant 100 francs, le calcul se fait sans fraction et par somme ronde de 20 francs en 20 francs.

Art. 15. — Dans les contrats ayant pour objet des prestations en nature, l'honoraire est calculé d'après l'évaluation faite pour la perception du droit d'enregistrement.

Lorsque la valeur de l'immeuble n'est pas exprimée dans l'acte, elle est obtenue en multipliant le revenu annuel par 25 pour les immeubles ruraux et par 20 pour les immeubles urbains. (*Modifié par l'article 5 du décret du 29 janvier 1927.*)

Art. 16. — L'usufruit et la nue propriété sont respectivement évalués à la moitié de la valeur de la propriété.

Toutefois, la donation avec réserve d'usufruit au profit du donateur donne droit au même honoraire que celle qui porte sur la propriété.

Art. 17. — L'honoraire alloué à l'occasion d'un testament ou de dispositions dont l'exécution est subordonnée au décès est calculé sur l'actif net que reçoit le bénéficiaire.

Si celui-ci a droit à une réserve, il n'est rien dû sur ce qu'il recueille à ce titre.

Art. 18. — L'honoraire n'est perçu qu'une fois sur les valeurs qui figurent dans plusieurs opérations successives comprises dans un même acte de liquidation.

Art. 19. — Pour les actes relatifs à des biens ou droits dont la valeur n'excède pas 500 francs, quelle que soit la longueur de l'expédition, le notaire ne peut avoir droit qu'à l'émolument de deux rôles. (*Modifié par l'article 3, § 3, du décret du 29 janvier 1927.*)

> Cette disposition ne s'applique qu'à la première expédition, les autres copies qui seraient demandées par les parties restant assujetties à l'honoraire ordinaire.

Art. 20. — Il est alloué aux notaires, par vacation de trois heures : 8 francs au chef-lieu de la cour d'appel et dans les villes dont la population excède 30.000 âmes; 6 francs partout ailleurs. (*Modifié par l'article 2 du décret du 29 janvier 1927.*)

La première vacation commencée est due en entier. Les autres se payent en proportion du temps écoulé.

Les actes rétribués par vacations constatent l'heure du commencement et celle de la fin des opérations ainsi que les interruptions. Dans le cas où il est dû des frais de voyages, le temps employé au voyage ne compte pas dans le calcul des vacations.

Art. 21. — L'honoraire par rôle de minute est de 5 francs par rôle de trente-cinq lignes à la page et de vingt syllabes à la ligne. (*Modifié par l'article 9 du décret du 29 janvier 1927.*)

Toutefois, pour les cahiers des charges de vente judiciaire, il est seulement de 3 francs par rôle. (*Modifié par l'article 9 du décret du 29 janvier 1927.*)

Les honoraires par rôle de copie, de vingt-cinq lignes à la page et de quinze syllabes à la ligne, sont fixés :

A 3 francs pour les expéditions et les grosses au chef-lieu de la cour d'appel et dans les villes dont la population excède 30.000 âmes, à 2 francs partout ailleurs;

A 3 francs pour les extraits analytiques;

(*Modifié par l'article 3, § 1er, du décret du 29 janvier 1927.*)

A 0 fr. 75 pour les expéditions dont le coût est à la charge de l'Etat, des établissements de bienfaisance et d'assistance et des bénéficiaires de la loi sur les habitations à bon marché;

Et à 0 fr. 50 pour les expéditions dont le coût est à la charge de l'Administration de l'Enregistrement.

Les copies collationnées donnent lieu à un droit fixe de 5 francs en sus des droits de rôles.

Le rôle commencé est dû en entier s'il est seul, par fraction non inférieure à la moitié s'il y a plusieurs rôles.

> Il paraît juste de comprendre dans cette disposition les copies collationnées qui peuvent être demandées pour la déduction des dettes dans les déclarations de successions, sans que, toutefois, l'honoraire puisse dépasser la moitié de l'économie procurée.

ART. 22. — Lorsque le notaire est obligé de se transporter dans une localité éloignée de plus de deux kilomètres de sa résidence, il perçoit pour frais de voyage, par kilomètre parcouru, en allant et en revenant :

1° 0 fr. 20 si le transport a été effectué en chemin de fer;

2° 0 fr. 40 si le transport a eu lieu autrement.

Si le déplacement exige plus d'une journée, il est alloué, en outre, 10 francs par journée.

Tout voyage requis la nuit est payé double.

Il n'est alloué qu'un seul droit de transport pour la totalité des actes que le notaire aura faits dans un même déplacement. (*Modifié par l'article 4 du décret du 29 janvier 1927.*)

> La distance doit être calculée, pour les villes, du point central kilométrique et, pour la campagne, de la résidence du notaire au point réel d'arrivée, et non de clocher à clocher.

ART. 23. — Tous actes, quelle que soit leur nature, ayant pour objet le mariage des indigents, le retrait de leurs enfants des hospices et la reconnaissance de leurs enfants naturels sont reçus gratuitement par les notaires sur la production par les parties intéressées du certificat prévu par l'article 6 de la loi du 10 septembre 1850.

La gratuité s'applique même aux frais de voyage.

Il en est de même des actes reçus dans l'intérêt des personnes qui ont obtenu le bénéfice de l'assistance judiciaire, lorsqu'ils sont passés à l'occasion ou en exécution des instances dans lesquelles elles ont figuré, mais seulement dans le cas où ils doivent être visés pour timbre et enregistrés en débet.

Lorsqu'il s'agit des actes compris au paragraphe précédent, les honoraires des notaires peuvent être recouvrés ultérieurement dans les conditions et les formes prévues par la loi du 22 janvier 1851.

ART. 24. — Les notaires doivent tenir dans leur étude à la disposition de toute personne qui en fera la demande un exemplaire du tarif fixant leurs honoraires.

DECRET DU 29 DECEMBRE 1919

Article premier. — Les décrets du 25 août 1898 portant fixation pour les ressorts de la Cour d'appel de Bordeaux du tarif des honoraires, vacations, frais de rôles et de voyages et autres droits qui peuvent être dus aux notaires à l'occasion des actes de leur ministère sont modifiés ainsi qu'il suit :

Art. 2. — Il est alloué à tous les notaires, par vacation de trois heures, 12 francs, sans distinction de classe ni de résidence.

Art. 3. — Les honoraires par rôle de copie ou d'extrait analytique sont fixés pour tous les notaires à 4 francs, sans distinction de classe ni de résidence.

Il n'est pas dérogé aux dispositions des paragraphes 6, 7 et 8 de l'article 21 des décrets ci-dessus visés du 25 août 1898 relatives aux expéditions dont le coût est à la charge de l'Etat, des établissements de bienfaisance et d'assistance, des bénéficiaires de la loi sur les habitations à bon marché et de l'Administration de l'Enregistrement ainsi qu'aux copies collationnées.

Quelle que soit la longueur de l'expédition, le notaire ne peut avoir droit qu'à l'émolument de deux rôles pour les actes relatifs à des biens ou droits dont la valeur n'excède pas 1.000 francs.

Art. 4. — Les frais de voyage à percevoir par le notaire qui est obligé de se transporter à plus de deux kilomètres de sa résidence sont fixés par kilomètre parcouru, en allant et en revenant :

1° A 20 centimes, si le transport a été effectué par voie ferrée;

2° A 60 centimes, si le transport a eu lieu autrement.

Si le déplacement exige plus d'une journée, il est alloué, en outre, 20 francs par journée.

Art. 5. — Lorsque la valeur d'un immeuble n'est pas exprimée dans l'acte, au lieu de percevoir l'honoraire sur le capital obtenu en multipliant le revenu par 25, pour les immeubles ruraux, et par 20 pour les immeubles urbains, le notaire perçoit l'honoraire sur la valeur vénale déclarée par les parties.

Art. 6. — L'honoraire minimum des actes soumis à un honoraire proportionnel est doublé.

Art. 7. — Le tarif de déclaration de succession est fixé ainsi qu'il suit :

S'il y a liquidation faite ou en cours, 10 centimes p. 100.

En cas contraire :

25 centimes pour 100 de 1 à 100.000 francs;

15 centimes pour 100 de 100.000 à 500.000 francs;

10 centimes pour 100 au-dessus sur l'ensemble des biens et valeurs énoncés dans la déclaration de succession.

Si la liquidation intervient postérieurement à la déclaration de succession, le tarif de cette déclaration est réduit à 10 centimes p. 100 et l'excédent d'honoraire qui aurait été perçu est imputé sur l'honoraire de liquidation.

ART. 8. — Les notaires commis pour les adjudications judiciaires d'immeubles ont droit, sur les prix des biens vendus et sous réserve de l'application de la loi du 23 octobre 1884, aux trois quarts des honoraires proportionnels prévus par l'article 29, n° 2, du décret portant fixation du tarif des frais et dépens en ce qui concerne les avoués.

ART. 9. — Tous les honoraires alloués aux notaires par les décrets ci-dessus visés du 25 août 1898, honoraires fixes ou gradués, honoraires par rôles de minute et honoraires proportionnels, sont majorés de 25 p. 100, à l'exception des honoraires mentionnés aux articles qui précèdent et des honoraires fixés par la loi du 18 juin 1843.

DÉCRET DU 29 JANVIER 1927

ARTICLE PREMIER. — Le décret du 29 décembre 1919 modifiant les décrets du 25 août 1898 portant fixation par ressort de cours d'appel, le département de la Seine excepté, du tarif des honoraires, vacations, frais de rôles et de voyages et autres droits qui peuvent être dus aux notaires à l'occasion des actes de leur ministère est abrogé et les décrets susvisés du 25 août 1898 sont modifiés ainsi qu'il suit :

ART. 2. — Il est alloué à tous les notaires, par vacation de trois heures, 20 francs, sans distinction de classe ni de résidence.

ART. 3. — Les honoraires par rôle de copie ou d'extrait analytique sont fixés pour tous les notaires à 4 francs, sans distinction de classe ni de résidence.

Il n'est pas dérogé aux dispositions des paragraphes 6, 7, et 8 de l'article 21 des décrets ci-dessus visés du 25 août 1898 relatives aux expéditions dont le coût est à la charge de l'Etat, des établissements de bienfaisance et d'assistance, des bénéficiaires de la loi sur les habitations à bon marché et de l'Administration de l'Enregistrement ainsi qu'aux copies collationnées.

Quelle que soit la longueur de l'expédition, le notaire ne peut avoir droit qu'à l'émolument de deux rôles pour les actes relatifs à des biens ou droits dont la valeur n'excède pas 1.000 francs.

ART. 4. — Les frais de voyage à percevoir par le notaire qui est obligé de se transporter à plus de deux kilomètres de sa résidence sont calculés ainsi qu'il suit :

1° Si le voyage s'est effectué ou pouvait s'effectuer par le chemin de fer, il lui est alloué 35 centimes par kilomètre parcouru en allant et en revenant;

2° Si le voyage s'est effectué ou pouvait s'effectuer par un autre service de transport en commun, le prix du voyage lui est remboursé d'après le tarif de ce service, tant à l'aller qu'au retour;

3° Si le voyage ne pouvait s'effectuer par l'un de ces deux moyens, les frais sont fixés à 1 fr. 50 par kilomètre parcouru tant à l'aller qu'au retour.

Si le déplacement exige plus d'une journée, il est alloué, en outre, 40 francs par journée.

ART. 5. — Lorsque la valeur d'un immeuble n'est pas exprimée dans l'acte, au lieu de percevoir l'honoraire sur le capital obtenu en multipliant le revenu par 25, pour les immeubles ruraux, et par 20, pour les immeubles urbains, le notaire perçoit l'honoraire sur la valeur vénale déclarée par les parties.

ART. 6. — L'honoraire minimum prévu par les décrets du 25 août 1898 pour les actes soumis à un honoraire proportionnel est doublé.

ART. 7. — Le tarif de déclaration de succession est fixé ainsi qu'il suit :

S'il y a liquidation faite ou en cours, 0 fr. 20 p. 100.

Dans le cas contraire :

    0 fr. 50 p. 100 de 1 à 100.000 francs;

    0 fr. 25 p. 100 de 100.000 à 500.000 francs;

    0 fr. 10 p. 100 au-dessus sur l'ensemble des biens et valeurs énoncés dans la déclaration de succession.

Si la liquidation intervient postérieurement à la déclaration de succession, le tarif de cette déclaration est réduit à 0 fr. 20 p. 100, et l'excédent d'honoraire qui aurait été perçu est imputé sur l'honoraire de liquidation.

ART. 8. — Les notaires commis pour les adjudications judiciaires d'immeubles ont droit sur le prix des biens vendus et sous réserve de l'application de la loi du 23 octobre 1884 aux trois quarts des honoraires proportionnels prévus par l'article 29 du décret du 29 décembre 1919 portant fixation du tarif des frais et dépens en ce qui concerne les avoués.

ART. 9. — Les honoraires fixes alloués aux notaires par les décrets susvisés du 25 août 1898 et les honoraires par rôles de minute sont doublés.

ART. 10. — Les honoraires proportionnels et les honoraires gradués alloués aux notaires par les décrets susvisés du 25 août 1898 dans chacune des tranches de capital établies par lesdits décrets, à l'exception des honoraires mentionnés aux articles qui précèdent et des honoraires fixés par la loi du 18 juin 1843, sont majorés ainsi qu'il suit :

Première tranche et tranche unique :

    De 1 franc à 20.000 francs, 125 p. 100;

    De 20.000 francs à 50.000 francs, 75 p. 100;

    Au-dessus de 50.000 francs, 50 p. 100.

Deuxième tranche :

    Jusqu'à 200.000 francs, 40 p. 100;

    Au-dessus de 200.000 francs, 25 p. 100.

Troisième tranche et tranches suivantes : 25 p. 100.

L'application de ces dispositions aux adjudications volontaires d'immeubles ne devra jamais entraîner la perception d'un honoraire supérieur à 4 p. 100 de la valeur desdits immeubles. Néanmoins, cet honoraire ne pourra être inférieur en aucun cas à l'honoraire actuel obtenu par l'application des taux fixés par les décrets du 25 août 1898, majorés de 25 p. 100.

Les certificats de propriété et les actes de société restent soumis à l'honoraire proportionnel prévu aux décrets du 25 août 1898, augmenté de 25 p. 100, sans aucune majoration.

Art. 11. — Les dispositions du présent décret ne sont applicables que pendant une durée maxima de cinq ans à partir du 1er janvier 1927.

Art. 12. — Le garde des Sceaux, ministre de la Justice, est chargé de l'exécution du présent décret, qui sera publié au *Journal officiel* et inséré au *Bulletin des lois*.

TARIF

APPLICABLE AUX NOTAIRES DU RESSORT

DE

LA COUR D'APPEL DE BORDEAUX

Observation sur le tarif ci-après établi :

L'indication N. T. indique le nouveau tarif 1927 pour les honoraires doublés.

Les chiffres en caractères gras inscrits en marge renvoient aux feuilles jaunes en fin du livret. (Application pratique du décret du 29 janvier 1927.)

Abandon de biens par un héritier bénéficiaire (art. 802 C. civ.).
Moitié des honoraires perçus en matière de vente.
Minimum, 5 francs. — N. T., 10 francs.

Abandon des biens d'une substitution (art. 1053 C. civ.).
A titre onéreux : honoraires comme en matière de vente.
A titre gratuit : moitié des honoraires perçus en matière de donation.
Minimum, 6 francs. — N. T., 12 francs.

Abandon d'immeubles grevés de servitude (art. 699 C. civ.).
Unilatéral, 6 francs. — N. T., 12 francs.
Conventionnel : honoraires comme en matière de vente.
Minimum, 5 francs. — N. T., 10 francs.

Abandon de la quotité disponible (art. 917 C. civ.). Par acte séparé.
Unilatéral, 6 francs. — N. T., 12 francs.
Accepté : honoraires comme en matière de délivrance de legs.

Acceptation d'abandon (Par acte séparé).
En brevet, 4 francs. — N. T., 8 francs.
En minute, 6 francs. — N. T., 12 francs.
2 francs (N. T. 4 francs) en plus par chaque créancier intervenant
dans le même acte en sus du premier.

Acceptation de cession de communauté, de délégation, de legs, de nantissement, de succession et toutes les acceptations autres que celles qui seront nommément tarifées (par acte séparé).
En brevet, 4 francs. — N. T., 8 francs.
En minute, 6 francs. — N. T., 12 francs.

Acceptation de lettre de change ou autre valeur commerciale.
4 francs. — N. T., 8 francs.

Acceptation d'emploi (Par acte séparé).
    a) Lorsque l'emploi ou le remploi a été fait au moyen d'un achat ou d'un placement ayant donné lieu à un honoraire proportionnel dans l'étude, 6 francs. (N. T., 12 francs).
7 —   *b*) Dans le cas contraire, 0,25 p. 100.
    Minimum, 6 francs. — N. T., 12 francs.

Acquiescement pur et simple (Par acte séparé).
    En brevet, 4 francs. — N. T., 8 francs.
    En minute, 6 francs. — N. T., 12 francs.
    2 francs. (N. T., 4 francs) en plus par chaque partie, en sus de la première, ayant un intérêt distinct et intervenant dans l'acte.

Acte complémentaire, interprétatif, rectificatif.
Honoraires par rôles de minute.

Acte imparfait.
Honoraires par rôles de minute.

Acte respectueux.
    Réquisition, 8 francs. — N. T., 16 francs.
    Notification, 16 francs. — N. T. 32 francs. Non compris les rôles de copie.

Adhésion pure et simple (Par acte séparé).
    En brevet, 4 francs. — N. T., 8 francs.
    En minute, 6 francs. — N. T., 12 francs.
    2 francs. (N. T., 4 francs) en plus par chaque partie, en sus de la première, ayant un intérêt distinct et intervenant dans l'acte.

Adoption (Contrat d').
    La loi du 19 juin 1923 qui réglemente l'adoption n'a pas prévu l'honoraire dû au notaire.

Adoption testamentaire (Au décès de l'adoptant).
    Ce mode d'adoption a été supprimé par la loi du 19 juin 1923, mais le tarif reste applicable aux adoptions testamentaires antérieures à la loi.
Si le testament est authentique ou mystique et sans préjudice du droit fixe dû à l'occasion de la rédaction du testament :
37 — 1 p. 100 de 1 à 200.000 francs; 0,50 de 200.000 à 500.000 francs; 0,25 p. 100 au-dessus.
Si le testament est olographe : moitié des honoraires ci-dessus.

Affectation hypothécaire (Par acte séparé).
    6 francs. (N. T., 12 francs), si l'acte primitif est en l'étude; au cas contraire, moitié de l'honoraire de l'acte principal, sans pouvoir dépasser :
8 — 0,25 p. 100 pour les baux.
18 — 0,50 p. 100 pour les autres actes.
    Par un tiers dans l'acte principal :
    Moitié des honoraires ci-dessus.
    Minimum, 4 francs. — N. T., 8 francs.

Affiches et insertions.
    Affiches manuscrites, 0 fr. 50 par affiche. — N. T., 1 franc.
    Affiches imprimées, 6 francs pour droit de rédaction. — N. T., 12 francs.
    Insertions dans les journaux, 6 francs pour rédaction. — N. T., 12 francs.

Affrètement.
26 — 0,50 p. 100.
    Minimum, 4 francs. — N. T., 8 francs.

Ampliation (art. 844 C. proc. civ.).
    8 francs. — N. T., 16 francs.

Antériorité (Consentement à).
    Sur la somme profitant d'une façon effective de l'antériorité :
9 — 0,25 p. 100.
    Minimum, 6 francs. — N. T., 12 francs.

Antichrèse (Par acte séparé).
    Honoraires comme en matière d'affectation hypothécaire.

Apprentissage (LL. des 22 février 1851 et 31 mars 1919, article 76).
    2 francs. — N. T., 4 francs.

Arbitres et experts (Nomination d').
    Honoraires par rôles de minute.

Assurance (Contrat d').
3 — 0,10 p. 100 sur le montant de la valeur assurée.
    Minimum, 6 francs. — N. T., 12 francs.

Autorisation.
    En brevet, 4 francs. — N. T., 8 francs.
    En minute, 6 francs. — N. T., 12 francs.

Autorisation pour faire le commerce.
    En brevet, 6 francs. — N. T., 12 francs.
    En minute, 8 francs. — N. T., 16 francs.

Aval.
11 — 0,25 p. 100.
    Minimum, 2 francs. — N .T., 4 francs.

Bail.

I. — Bail de gré à gré.
Minimum, 4 francs. — N. T., 8 francs.

19 — Bail à ferme : Sur le prix total des années du bail augmenté des charges, 0,50 p. 100.

17 — Bail à loyer : Sur le prix total des années du bail augmenté des charges, 0,33 p. 100.

19 — Bail à nourriture ou à pâturage : Sur le prix total des années du bail augmenté des charges, 0,50 p. 100.

29 — Bail à cheptel : Sur l'évaluation de la part totale du croît revenant au propriétaire, 1 p. 100.

19 — Bail à colonage : Sur l'évaluation de la part totale des fruits revenant au propriétaire, 0,50 p. 100.

19 — Bail à vie : Sur le capital formé de dix fois la redevance annuelle, 0,50 p. 100.

29 — Bail à durée illimitée ou emphytéotique : Sur le capital formé de vingt fois la redevance annuelle, 1 p. 100.

II. — Bail par adjudication (cahier des charges compris).
Moitié en sus des honoraires du bail de gré à gré;
Minimum, 8 francs. — N. T., 16 francs.

III. — Louage d'ouvrage et d'industrie.

19 — 0,50 p. 100.
Minimum, 5 francs. — N. T., 10 francs.

Bien de famille (Constitution de).

Le décret du 26 mars 1910 alloue aux notaires (frais et déboursés non compris) :

1° Pour l'acte particulier contenant la déclaration de constitution du bien de famille, à titre d'honoraires, 0,50 p. 100, jusqu'à 2.000 francs, et 0,25 p. 100 pour l'excédent au-dessus de cette somme;

2° Pour constitution par donation ou par testament ainsi que pour l'acte complémentaire du testament, les honoraires du tarif légal de 1898 (art. 21);

3° Pour la transcription de l'acte de constitution, tarif légal;

4° Pour la déclaration d'opposition, 1 franc;

5° Pour toutes communications par lettres et plis d'affaires recommandés. 0 fr. 50.

Billet simple, à ordre, au porteur.
20 — 0,50 p. 100.
Minimum, 3 francs. — N. T., 6 francs.

Bordereau d'inscription (Rédaction de).

Ce tarif est appliqué par analogie aux formalités prescrites par la loi du 17 mars 1909 sur la vente et le nantissement des fonds de commerce.
1 — 0,05 p. 100.
Minimum, 4 francs. — N. T., 8 francs.

Si l'hypothèque doit être inscrite dans plusieurs arrondissements, 4 francs. (N. T., 8 francs) par bureau en sus du premier.

Bordereau en renouvellement d'inscription.

2 — 0,10 p. 100.

Minimum, 4 francs. — N. T., 8 francs.

4 francs. (N. T., 8 francs) par bureau en sus du premier.

Bornage (Procès-verbal de).

Honoraires par rôles de minute.

Cahier des charges.

A. — Pour vente immobilière. Honoraires par rôle de minute :

3 francs. (N. T., 6 francs) si la vente est judiciaire.

5 francs. (N. T., 10 francs), si elle est volontaire. Dans ce dernier cas, l'honoraire n'est dû que si la tentative d'adjudication reste sans effet.

B. — Pour vente mobilière :

Honoraire de 5 francs. (N. T., 10 francs) par rôle de minute.

L'honoraire n'est dû que dans le cas où il n'y a pas d'adjudication.

Carence (Procès-verbal de).

Honoraires par vacations.

Cautionnement.

A. — *Par acte séparé :* moitié de l'honoraire de l'acte principal, sans pouvoir excéder :

10 — 0,25 p. 100 pour les baux.

21 — 0,50 p. 100 pour les autres actes.

Minimum, 4 francs. — N. T., 8 francs.

10 — *B.* — *Dans l'acte contenant l'engagement principal :* un quart de l'honoraire de l'acte principal, sans pouvoir excéder 0,25 p. 100.

Minimum, 4 francs. — N. T., 8 francs.

Certificat de caution (Par acte séparé).

En brevet, 4 francs. — N. T., 8 francs.

En minute, 6 francs. — N. T., 12 francs.

Certificat de propriété.

A. — *Lorsqu'il est délivré* pour l'*exécution* d'un *acte* contenant *partage ou mutation* de propriété sur lequel un *honoraire proportionnel* a été *perçu* dans la même étude :

4 francs. — N. T., 8 francs.

B. — *Au cas contraire*, 0,25 p. 100.

Honoraire majoré seulement du quart (art. 10 du décret du 27 janvier 1927).

Minimum, 4 francs. — N. T., 8 francs.

Certificat de vie.
> *I. — Pour ceux délivrés dans la forme notariée*, 3 francs. — N. T.,
> 6 francs.
> *II. — Pour tous autres certificats :*
> Tarif de l'ordonnance du 6 juin 1839, des décrets des 9 no-
> vembre 1853 et 2 août 1860 :
>> Au-dessous de 50 francs, 0,00;
>> De   50 à 100 francs, 0,20;
>> De 101 à 300 francs, 0,25;
>> De 301 à 600 francs, 0,35;
>> De 601 et au-dessus, 0,50.

Cession de bail.
> Honoraires comme en matière de bail sur les années restant à courir.

Cession de bien par un débiteur à ses créanciers (art. 1265 et suiv.
C. civ.).
43 — *Avec mutation de propriété :*
> 1 p. 100 de 1 à 300.000 francs; 0,50 p. 100 de 300.000 à
> 600.000 francs; 0,25 p. 100 au-dessus sur la valeur des biens
> abandonnés.
> *Sans mutation de propriété :* moitié des honoraires ci-dessus.
> *Minimum*, 10 francs. — N. T., 20 francs. .

Codicille.
> Honoraires comme en matière de. testament.

Communauté d'habitation ou de travail (Acte de).
> Sans apports, 6 francs. — N. T., 12 francs.
12 — Avec apports, 0,25 p. 100.
> *Minimum*, 5 francs. — N. T., 10 francs.

Compensation.
> Honoraires, comme en matière de quittance, sur la somme com-
> pensée.

Compromis.
> Honoraires par rôles de minute.

**Compte d'administration légale, d'antichrèse, de bénéfice d'inven-
taire,** de copropriété, d'exécution testamentaire, de gestion, de
mandat, de séquestre.
> Honoraires sur le chapitre le plus élevé en recettes ou en dépenses
36 — 1 p. 100 de 1 à 100.000 francs; 0,50 p. 100 de 100.000 à
> 200.000 francs; 0,25 p. 100 au-dessus.
> *Minimum*, 10 francs. — N. T., 20 francs.

Compte de tutelle.
> *Mêmes honoraires que ci-dessus.*
>> S'il y a liquidation préalable dans le même acte, il est perçu,
>> en outre, l'honoraire de liquidation sur la part revenant à

l'oyant compte, sans toutefois que l'honoraire puisse être
cumulé, en ce qui touche les valeurs figurant à la fois dans la
liquidation et dans le compte.

Minimum, 10 francs. — N. T., 20 francs.

Récépissé de compte (par acte séparé), 6 francs. — N. T., 12 francs.

Arrêté de compte, sous réserves du cas où il y a lieu à honoraires
proportionnels à raison des conventions que renferme l'acte,
6 francs. — N. T., 12 francs.

Compulsoire.
Honoraires par vacations.

Congé d'acquit, de bail.
En brevet, 4 francs. — N. T., 8 francs.
En minute, 6 francs. — N .T., 12 francs.

Consentement à adoption, à entrer dans les ordres, à mariage, à tutelle officieuse :
En brevet, 4 francs. — N. T., 8 francs.
En minute, 6 francs. — N. T., 12 francs.

Consentement à exécution de testament ou de donation entre époux,
9 francs. — N. T., 18 francs.

    Si le consentement vaut délivrance de legs, il est perçu
l'honoraire de délivrance.

Consignation à la caisse des dépôts.
Autres que celles effectuées en vertu du décret du 30 janvier 1890,
8 francs. — N. T., 16 francs.

Constitution de pension alimentaire.
13 — *A.* — *En vertu de l'article* 205 *du Code civil* (sur le capital formé
de dix fois la prestation annuelle), 0,25 p. 100.

22 — *B.* — *Dans les autres cas* (sur le capital formé de dix fois la prestation annuelle), 0,50 p. 100.

Minimum dans tous les cas, 5 francs. — N. T., 10 francs.

Constitution de rente perpétuelle, de rente viagère.
30 — *A titre onéreux*, 1 p. 100 : sur le capital formé de vingt fois la
rente perpétuelle et de dix fois la rente viagère.

A titre gratuit : honoraires comme en matière de donation ou de
testament.

Minimum dans les deux cas, 5 francs. — N. T., 10 francs.

Contrat de mariage.
A. — *Sur les apports cumulés des époux (déduction faite des
charges) :*

31 — 0,50 p. 100 de 1 à 100.000 francs; 0,25 p. 100 au-dessus.

33 — *B.* — *Sur les dots :* 0,75 p. 100 de 1 à 100.000 francs; 0,50 p. 100
de 100.000 à 500.000 francs; 0,25 p. 100 au-dessus, en ligne
directe et entre époux.

38 — 1 p. 100 de 1 à 200.000 francs; 0,50 p. 100 de 200.000 à 500.000 francs; 0,25 p. 100 au-dessus, en ligne collatérale et entre étrangers.

C. — *Donation éventuelle et institution contractuelle.* Sans préjudice du droit proportionnel à percevoir au décès comme en matière de testament, 10 francs. — N. T., 20 francs.

Société de ménage, 6 francs. — N. T., 12 francs.

D. — *Promesse d'égalité*, 6 francs. — N. T., 12 francs.

Minimum du contrat, 15 francs. — N. T., 30 francs.

Si le contrat n'est pas suivi de célébration, honoraires par rôles de minute.

E. — *Résiliation du contrat de mariage*, 9 francs. — N. T., 18 francs.

Contre lettre à contrat de mariage.
Honoraires comme en matière de contrat de mariage.
Minimum, 9 francs. — N. T., 18 francs.

Contribution (Paiement de) après adjudication de fruits et récoltes.
Décret du 5 novembre 1851.

Crédit (Ouverture de).
Avec garantie : honoraires comme en matière d'obligation.
Sans garantie : moitié des honoraires ci-dessus.
Minimum, 5 francs. — N .T., 10 francs.

Dation en paiement.
Honoraires comme en matière de vente de gré à gré.
Minimum, 5 francs. — N. T., 10 francs.

Décharge (Par acte séparé) de cautionnement, d'exécution testamentaire, de mandat, d'objet mobilier, de pièces, de solidarité.
En brevet, 4 francs. — N. T., 8 francs.
En minute, 6 francs. — N. T., 12 francs.

Décharge de dépôt de sommes ou valeurs.
4 — 0,10 p. 100.
Minimum, 6 francs. — N. T., 12 francs.

Déclaration pure et simple.
Honoraires par rôles de minute.

Déclaration de command.
51 — 4 francs jusqu'à 1.000 francs; 8 francs jusqu'à 5.000 francs; 12 francs jusqu'à 10.000 francs; 16 francs au-dessus.

Déclaration d'emploi (Par acte séparé).
Honoraires comme en matière d'acceptation d'emploi.

Déclaration d'apport ou de fortune.
Honoraires par rôle de minute.

Déclaration de grossesse ou de paternité.
10 francs. — N. T., 20 francs.

Déclaration d'hypothèque.
10 francs. — N. T., 20 francs.

Déclaration de mobilier pour éviter une confusion.
Honoraires par rôles de minute.

Déclaration de privilège de second ordre.
A. — *Si elle est faite à la suite d'un acte d'emprunt reçu dans l'étude*, 8 francs. — N. T., 16 francs.
23 — B. — *Dans les autres cas*, 0,50 p. 100.
Minimum, 8 francs. — N. T., 16 francs.

Déclaration préalable aux ventes de meubles.
4 francs. — N .T., 8 francs.

Déclaration de succession (art. 7 du décret du 29 janvier 1927).
Sur l'ensemble des biens et valeurs énoncés dans la déclaration de succession.
A. — S'il y a liquidation faite ou en cours, 0,20 p. 100.
B. — Dans le cas contraire : 0,50 p. 100 de 1 à 100.000 francs; 0,25 p. 100 de 100.000 à 500.000 francs; 0,10 p. 100 au-dessus.
Si la liquidation intervient postérieurement à la déclaration de succession, le tarif de cette déclaration est réduit à 0,20 p. 100, et l'excédent d'honoraire qui aurait été perçu est imputé sur l'honoraire de liquidation.
Tarif 1898 :
S'il y a liquidation faite ou en cours : 0,05 p. 100;
En cas contraire : 0,10 p. 100,
Sur les biens et valeurs énoncés dans la déclaration de succession.

Délégation de créance.
A. — *Parfaite* (Par acte séparé) :
Honoraires comme en matière d'obligation.
Minimum, 5 francs. — N. T., 10 francs.
B. — *Imparfaite*, 6 francs. — N. T., 12 francs.
C. — *Lorsque la délégation parfaite intervient dans un acte dont* elle n'est pas l'objet principal :
Moitié des honoraires perçus en matière d'obligation.
Minimum, 5 francs. — N. T., 10 francs.

Délivrance de legs.
A. — *Ayant pour objet une somme d'argent ou de valeurs mobilières :*
24 — 1° Sur l'acte de délivrance avec décharge, 0,50 p. 100;
14 — 2° Sur l'acte de délivrance sans décharge ni quittance, 0,25 p. 100;
14 — 3° Sur la quittance ou décharge ultérieure, 0,25 p. 100.

B. — Ayant pour objet des immeubles ou des objets mobiliers avec ou sans décharge :

14 — 0,25 p. 100.

Minimum, 6 francs. — N. T., 12 francs.

Délivrance de seconde grosse (Procès-verbal de).
8 francs. — N. T., 16 francs. Non compris les rôles de copie.

Dépôt d'actes sous seings privés autres que les testaments olographes.
I. — *Si le dépôt est fait par toutes les parties avec reconnaissance de leurs écritures, l'honoraire perçu sera celui auquel aurait donné lieu l'acte authentique contenant la convention.*
II. — *Dans le cas où le dépôt n'est pas fait par toutes les parties : moitié de l'honoraire précédent.*

Dépôt d'extraits de contrat de mariage (art. 67 et 68 C. de comm.).
5 francs pour les quatre extraits. Non compris le coût des extraits. — N. T., 10 francs.

Dépôt et insertion en matière de société (art. 55, 56 et 59 de la loi du 24 juillet 1867).
I. — *Dépôt*, par localité. Non compris le coût de l'expédition, 5 francs. — N. T., 10 francs.
II. — *Insertion :* pour la rédaction et l'envoi, 6 francs. — N. T., 12 francs.

Dépôt de pièces authentiques et autres (Acte de).
Honoraire par rôle de minute.

Dépôt au greffe de procès-verbal de difficultés ou autres actes.
Une vacation.

Dépôt de sommes et valeurs ou objets à un particulier.
Honoraires par rôles de minute.

Désaveu de paternité.
10 francs. — N. T., 20 francs.

Désistement d'appel d'instance, d'hypothèque ou de privilège, de plainte, de réméré, etc.
En brevet, 4 francs. — N. T., 8 francs.
En minute, 6 francs. — N. T., 12 francs.

Devis et marchés
Honoraires comme en matière de vente ou de louage, suivant le cas.

Dispense de notification de contrat, de signification de transport, de congé, etc.
En brevet, 4 francs. — N. T., 8 francs.
En minute, 6 francs. — N. T., 12 francs.

2 francs. (N. T., 4 francs) en plus par chaque partie, en sus de la première, ayant un intérêt distinct et intervenant dans l'acte.

Dispense de rapport par le donateur (Par acte séparé).
12 francs. — N. T., 24 francs.

Dissolution de société d'habitation ou de travail.
6 francs. — N. T., 12 francs.

Distribution de deniers par contribution.
39 — 1 p. 100 de 1 à 200.000 francs; 0,50 p. 100 de 200.000 à 500.000 francs; 0,25 p. 100 au-dessus.
Minimum, 10 francs. — N. T., 20 francs.

Donation entre vifs.
I. — Acceptée.
Sur la valeur des biens donnés.
Sans distinction de lignes.
40 — 1 p. 100 de 1 à 200.000 francs; 0,50 p. 100 de 200.000 à 500.000 francs; 0,25 p. 100 au-dessus.
II. — Non acceptée.
Les trois quarts de l'honoraire de la donation acceptée.
III. — Acceptation de donation.
Le quart de l'honoraire de la donation acceptée.
Minimum, 10 francs. — N. T., 20 francs.

Donation entre époux pendant le mariage.
Honoraires de rédaction.
En l'étude, 8 francs. — N. T., 16 francs.
Au domicile des parties, 12 francs. — N. T., 24 francs.
La nuit, 20 francs. — N. T., 40 francs.
Honoraires dus au décès.
Comme en matière de testament.

Echange.
Honoraires comme en matière de vente sur la valeur la plus forte des deux lots échangés, avec un *minimum* de 5 francs. — N. T., 10 francs.

Endossement.
25 — 0,50 p. 100.
Minimum, 3 francs. — N. T., 6 francs.

Engagement de gens de mer.
26 — 0,50 p. 100.
Minimum, 6 francs. — N. T., 12 francs.

Engagement théâtral.
26 — 0,50 p. 100.
Minimum, 6 francs. — N. T., 12 francs.

Etablissement d'origine de propriété (Par acte séparé).
Honoraires par rôles de minute.

Etat de dettes de meubles.
Honoraires par rôles de minute.

Etat de lieux (Procès-verbal d').
Honoraires par rôles de minute.

Experts (Nomination d').
Honoraires par rôles de minute

Formalités hypothécaires.
Pour les réquisitions de transcription d'actes translatif de propriété, y compris les réquisitions d'états d'inscriptions, de saisies et de transcriptions, et les certificats de non-transcription et de non-résolution ou rescision (en ce non compris l'envoi de pièces).
Sur les actes représentant :
52 — Un capital de moins de   500 francs, 1 fr. 50.
Un capital de moins de 1.000 francs, 2 fr. 50.
Un capital de moins de 2.000 francs, 3 fr. 50.
Un capital de moins de 5.000 francs, 6 francs.
Au-dessus de 5.000 francs, 8 francs.
Lorsque les notaires ne résident pas au siège de la conservation des hypothèques :
Pour les réquisitions d'états d'inscriptions et de radiation, 3 francs. — N. T., 6 francs.
Pour toutes les autres réquisitions, 1 fr. 50. — N. T., 3 francs.
Pour port de chaque envoi de pièces, 1 franc. — N. T., 2 francs.
Lorsque les notaires résident au siège de la conservation des hypothèques :
Pour les réquisitions d'états d'inscriptions et de radiation, 2 francs. — N. T., 4 francs.
Pour toutes les autres réquisitions, 1 franc. — N. T., 2 francs.

Gage et nantissement.
Honoraires comme en matière d'affectation hypothécaire.

Indivision (Convention d').
Honoraires par rôles de minute.

Inventaire.
Honoraires par vacations.

Légalisation par le juge de paix ou le président du tribunal de première instance.
0 fr. 25 par pièce légalisée. — N. T., 0 fr. 50.

Légalisation dans un ministère, une ambassade ou un consulat.
1 franc par pièce légalisée. — N. T., 2 francs.

Lettres de change.
27 — 0,50 p. 100.
Minimum, 3 francs. — N .T., 6 francs.

Licitation.
A. — De gré à gré.
Si l'indivision cesse : honoraires comme en matière de partage C,
sur l'ensemble des biens licités.
Minimum, 8 francs. — N. T., 16 francs.
Dans le cas contraire : honoraires comme en matière de vente sur
la part acquise.
Minimum, 5 francs. — N. T., 10 francs.
B. — Par adjudication volontaire :
Honoraires comme en matière de vente par adjudication volontaire.
(L'honoraire est perçu sur le prix total des immeubles licités.)
C. — Judiciaire : Voir l'article 8 du décret du 29 janvier 1927,
l'art. 3, § 2, de la loi du 23 octobre 1884 et le décret du 29 dé-
cembre 1919 concernant le tarif des avoués, et l'article 14 de
l'ordonnance du 10 octobre 1841.

Liquidation de reprises.
Sur les sommes payées ou garanties augmentées de la moitié du
surplus de la créance de la femme.
46 — 1 p. 100 de 1 à 500.000 francs; 0,75 p. 100 de 500.000 francs à
1 million; 0,50 p. 100 de 1 à 2 millions; 0,25 p. 100 de 2 à
5 millions; 0,125 p. 100 au-dessus.
5 — 0,10 p. 100 sur les reprises en nature.
Minimum, 10 francs. — N. T., 20 francs.

Mainlevée d'écrou ou de saisie.
En brevet, 4 francs. — N. T., 8 francs.
En minute, 6 francs. — N .T., 12 francs.

Mainlevée d'inscription hypothécaire de privilège.
A. — Définitive ou partielle réduisant la créance.
6 — 0,10 p. 100.
Minimum, 4 francs. — N. T., 8 francs.
B. — Réduisant le gage :
6 francs. — N. T., 12 francs.
Lorsqu'il y a eu une ou plusieurs mainlevées partielles réduisant la créance, l'honoraire pour mainlevée définitive est perçu
seulement sur la somme qui restait garantie.

Mention marginale.
2 francs. — N. T., 4 francs .

Mines et carrières (Cession ou exploitation).
Honoraires comme en matière de vente.

Mitoyenneté.
Abandon, 6 francs. — N. T., 12 francs.
Cession : honoraires comme en matière de vente.
Convention : honoraires par rôle de minute.
Minimum, 6 francs. — N. T., 12 francs.

Mutations cadastrales.
Extraits prévus par la loi du 20 mai 1915.
Par extrait, 0 fr. 07.

Nomination.
Nomination de conseil à une mère tutrice ou de tuteur (art. 391-397
C. civ.).
8 francs. — N. T., 16 francs.
Nomination d'exécuteur testamentaire.
8 francs. — N. T., 16 francs.
Nomination de séquestre gardien ou dépositaire.
6 francs. — N. T., 12 francs.

Notification de projet de mariage.
(*Voir acte respectueux*).

Notoriété (Acte de).
Simple :
En brevet, 4 francs. — N. T., 8 francs.
En minute, 6 francs. — N. T., 12 francs.
Complexe :
En brevet, 8 francs. — N. T., 16 francs.
En minute, 12 francs. — N. T., 24 francs.

Obligation.
41 — 1 p. 100 de 1 à 200.000 francs; 0,50 p. 100 de 200.000 à
500.000 francs; 0,25 p. 100 au-dessus.
Minimum, 5 francs. — N. T., 10 francs.

Ordre amiable (Avec ou sans quittance).
Honoraires comme en matière de distribution de deniers.

Partage volontaire ou judiciaire.
*A. — Avec ou sans liquidation de communauté, de succession ou
de société :*
Sur l'actif brut, rapports non compris, déduction faite des legs par-
ticuliers.
47 — 1 p. 100 de 1 à 500.000 francs; 0,75 p. 100 de 500.000 à 1 million;
0,50 p. 100 de 1 milion à 2 millions; 0,25 p. 100 de 2 à 5 millions;
0,125 p. 100 au-dessus.
Minimum, 10 francs. — N. T., 20 francs.

B. — Liquidation sans partage.
Moitié des honoraires ci-dessus.
Minimum, 8 francs. — N. T., 16 francs.
C. — Partage de biens indivis dans les cas autres que ceux prévus
au paragraphe A ci-dessus :
35 — 0,75 p. 100 de 1 à 300.000 francs; 0,50 p. 100 de 300.000 à 1 million; 0,25 p. 100 au-dessus.
Minimum, 10 francs. — N. T., 20 francs.

Partage anticipé ou d'ascendants (art. 1075 C. civ.).
48 — 1 p. 100 de 1 à 500.000 francs; 0,75 p. 100 de 500.000 francs à 1 million; 0,50 p. 100 de 1 à 2 millions; 0,25 p. 100 de 2 à 5 millions; 0,125 p. 100 au-dessus.
Minimum, 10 francs. — N. T., 20 francs.

Partage testamentaire.
I. — Droit exigible au moment de la rédaction de l'acte :
Honoraires par rôle de minute.
Minimum, 20 francs. — N. T., 40 francs.
II. — Au décès :
Honoraires comme en matière de partage *A.*

Procès-verbal de dires et protestations, de difficultés
Honoraires par rôles de minute.

Procuration.
Spéciale :
En brevet, 4 francs. — N. T., 8 francs.
En minute, 6 francs. — N. T., 12 francs.
Générale ou prévue par l'article 2 de la loi du 21 juin 1843
En brevet, 6 francs. — N. T., 12 francs.
En minute, 8 francs. — N. T., 16 francs.

Promesse de vente.
15 — 0,25 p. 100 avec imputation sur l'honoraire de vente, si elle se réalise dans la même étude.
Minimum, 5 francs. — N. T., 10 francs.

Prorogation de délai.
16 — 0,25 p. 100.
Minimum, 4 francs. — N. T., 8 francs.

Porogation de bail.
Honoraires comme en matière de bail sur les années restant à courir.

Protêt.
Décret du 23 mars 1848.

Purge légale.
Honoraires par vacations.

Quittance.
*A. — Pure et simple ou dans les cas prévus par les articles 1250,
§ 2, et 1251 du Code civil :*
32 — 0,50 p. 100 de 1 à 200.000 francs; 0,25 p. 100 au-dessus.
Minimum, 4 francs. — N. T., 8 francs.
B. — D'ordre judiciaire :
34 — 0,75 p. 100 de 1 à 200.000 francs; 0,50 p. 100 au-dessus.
Minimum, 6 francs. — N. T., 12 francs.
C. — Subrogative (art. 1250, § 1, C. civ.).
Honoraires comme en matière d'obligation.
Minimum, 5 francs. — N .T., 10 francs.

Rachat par réméré.
Honoraires comme en matière de quittance pure et simple..

Rapport pour minute.
6 francs. — N. T., 12 francs.

Ratification.
En brevet, 4 francs. — N. T., 8 francs.
En minute, 6 francs. — N. T., 12 francs.
Et 2 francs. (N. T., 4 francs) en plus par chaque partie en sus de
la première, ayant un intérêt distinct et intervenant dans l'acte.

Réalisation de crédit.
6 francs. — N. T., 12 francs.

Recherche (Droit de).
Si l'année est indiquée, 0 fr. 50. — N. T., 1 franc; au cas contraire,
1 franc. — N. T., 2 francs.
Si la recherche a pour objet la délivrance d'une expédition ou la
réception d'acte, l'honoraire n'est pas dû.

Récolement.
Honoraires par vacations.

Reconnaissance de dot, de reprises, de droits paraphernaux.
Honoraires comme en matière d'apport en mariage.

Reconnaissance d'enfant naturel.
10 francs. — N. T., 20 francs.

Reconnaissance d'hypothèque.
6 francs. — N. T., 12 francs.

Reconnaissance de dette.
Honoraires comme en matière d'obligation.
Minimum, 5 francs. — N. T., 10 francs.

Réduction d'hypothèque.
Voir *mainlevée*.

Référé.
Honoraires par vacations.

Règlement d'indemnités en cas d'expropriation pour cause de déclaration d'utilité publique.
A. — Avant le jugement d'expropriation :
Honoraires comme en matière de vente.
B. — Après le jugement :
Honoraires comme en matière de quittance pure et simple.

Réméré (Vente à).
Honoraires comme en matière de vente.

Remise de dette.
Honoraires comme en matière de quittance pure et simple.

Renonciation (Par acte séparé).
En brevet, 4 francs. — N. T., 8 francs.
En minute, 6 francs. — N. T., 12 francs.

Renonciation à hypothèque légale.
A. — A la suite d'un acte authentique ou de dépôt avec reconnaissance d'écriture, d'un acte de vente sous signature privée :
6 francs. — N. T., 12 francs.
B. — Dans les autres cas :
Moitié de l'honoraire qui aurait été perçu sur l'acte de vente.

Représentation.
De présumé absent (art. 113 C. civ.). De non présent (art. 942 C. proc. civ.). D'aliéné non interdit (art. 36 L. 30 juin 1838). Honoraires par vacations.

Reprise de la vie commune (art. 311 C. civ.).
10 francs. — N. T., 20 francs.

Résiliation.
A. — De vente :
Dans les 24 heures, 6 francs. — N. T. 12 francs.
Après ce délai : Moitié de l'honoraire de l'acte résilié.
B. — De bail :
Moitié de l'honoraire de bail sur les années restant à courir.

Rétablissement de communauté (Acte de) (art. 1451 C. civ.).
Un cinquième des honoraires du contrat de mariage.

Retrait de droits litigieux, d'indivision, successoral.
Honoraires comme en matière de quittance pure et simple.

Révocation.
De conseil à la mère tutrice, 6 francs. — N. T., 12 francs.
De donation entre époux, 8 francs. — N. T., 16 francs.

De mandat ou de substitution :
En minute, 6 francs. — N. T., 12 francs.
En brevet, 4 francs. — N. T., 8 francs.
De testament, 8 francs. — N. T., 16 francs.

Société (Acte de).
0,50 p. 100 de 1 à 300.000 francs; 0,25 p. 100 de 300.000 à 1 million; 0,125 p. 100 au-dessus.
Minimum, 20 francs. — N. T., 40 francs.
Honoraire augmenté d'un quart seulement (art. 10, dernier § du décret du 29 janvier 1927).
Déclaration de souscription du capital social.
Si l'acte de société a été reçu dans l'étude :
20 francs. — N. T., 40 francs.
Dans le cas contraire :
Moitié de l'honoraire qui aurait été perçu sur l'acte de société.
Prorogation de société.
0,15 p. 100 et l'honoraire entier sur les nouveaux apports s'il y en a.
Honoraire augmenté d'un quart seulement (art. 10, dernier § du décret du 29 janvier 1927).
Dissolution de société.
12 francs. — N. T., 24 francs. Sous réserve du cas où il y a lieu à honoraire proportionnel à raison des conventions que renferme l'acte.

Sous-bail.
Honoraires comme en matière de bail.

Substitution de pouvoirs.
En brevet, 4 francs. — N. T., 8 francs.
En minute, 6 francs. — N. T., 12 francs.

Testament olographe.
Présentation au président du tribunal et retrait (art. 1007 C. civ.).
8 francs. — N. T., 16 francs.
Acte de dépôt s'il y a lieu.
6 francs. — N. T., 12 francs.
Moitié des honoraires perçus en matière de testament authentique.

Testament public ou authentique.
A. — *Droit fixe pour la rédaction de l'acte :*
En l'étude, 12 francs. — N. T., 24 francs.
Hors de l'étude, 18 francs. — N. T., 36 francs.
La nuit, 30 francs. — N. T., 60 francs.
B. — *Droit dû au décès du testateur sur les dispositions contenues dans le testament* (art. 17 du décret du 25 août 1898). En ligne directe, entre époux, en ligne collatérale, entre étrangers.
42 — 1 p. 100 de 1 à 200.000 francs; 0,50 p. 100 de 200.000 à 500.000 francs; 0,25 p. 100 au-dessus.

Testament mystique.
A. — Acte de suscription :
20 francs. — N. T., 40 francs.
B. — Présentation au président et retrait :
·8 francs. — N. T., 16 francs.
C. — Sur les dispositions du testament au décès :
Honoraires comme en matière de testament authentique.

Tirage au sort des lots.
Moitié des honoraires perçus en matière de partage, mais seulement
dans le cas où l'opération a été la seule pour laquelle le notaire
a été commis.

Titre nouvel.
Moitié des honoraires perçus sur le titre originaire.

Transaction.
Cet acte donne ouverture à l'honoraire spécial de la convention
à laquelle il aboutit et, de plus, s'il y a lieu, à un honoraire
particulier réglé d'après les difficultés de l'affaire et les soins
donnés à sa conclusion, conformément à l'article 2 de la loi du
20 juin 1896.

Translation d'hypothèque.
A. — Portant sur la totalité du gage :
Honoraires comme en matière d'affectation hypothécaire.
B. — Partielle :
Mêmes honoraires perçus sur une somme qui sera fixée eu égard
au montant de la créance, en tenant compte du rapport existant
entre la valeur des biens dégrevés et celle de la totalité du gage.
Minimum, 5 francs. — N. T., 10 francs.

Transport de créances.
Honoraires comme en matière d'obligation.
Minimum, 5 francs. — N. T., 10 francs.

Transport de droits litigieux et successifs.
Honoraires comme en matière de vente.

Usufruit (Cession ou don d').
Honoraires comme en matière de vente ou de donation selon le
cas.

**Vente par adjudication judiciaire ou volontaire de créances, droits
incorporels, fonds de commerce.** Cahier des charges compris.
49 — 1,50 p. 100 de 1 à 10.000 francs; 0,75 au-dessus.
Minimum, 15 francs. — N. T., 30 francs.

**Vente par adjudication de fruits et récoltes pendants par racines,
de coupes de bois taillis, de futaies aménagées et non aménagées
et de tourbages (Décret du 5 novembre 1851).**

Vente par adjudication de meubles et objets mobiliers, d'arbres au détail et de bateaux.
Tarif de la loi du 18 juin 1843.

Vente par adjudication judiciaire d'immeubles.
L'honoraire sera perçu sur le prix de chaque lot séparément, lorsque les lots seront composés d'immeubles distincts (Voir *Licitation judiciaire*).

Vente par adjudication volontaire d'immeubles (cahier des charges compris).
L'honoraire est perçu séparément sur le prix de chaque lot. Le même honoraire sera applicable si la vente est réalisée de gré à gré dans les quatre mois de la tentative d'adjudication.

50 — 2 p. 100 de 1 à 10.000 francs; 1,50 p. 100 de 10.000 à 500.000 francs; 1 p. 100 de 500.000 à 1 million; 0,50 p. 100 au-dessus.
L'application des dispositions de l'article 10 du décret du 29 janvier 1927 aux adjudications volontaires d'immeubles ne devra jamais entraîner la perception d'un honoraire supérieur à 4 p. 100 de la valeur desdits immeubles.
Néanmoins, cet honoraire ne pourra être inférieur en aucun cas à l'honoraire obtenu par l'application du taux fixé par les décrets du 21 août 1898, majoré de 25 p. 100.

Vente d'immeubles de gré à gré.
44 — 1 p. 100 de 1 à 300.000 francs; 0,50 p. 100 de 300.000 à 600.000 francs; 0,25 p. 100 au-dessus.
Minimum, 5 francs. — N. T., 10 francs.

Vente de gré à gré de bois taillis, futaies, fruits et récoltes et, en général, de meubles et objets mobiliers.
Même tarif que ci-dessus.

Vente de gré à gré de valeurs industrielles et commerciales et autres droits incorporels.
45 — Même tarif que pour vente d'immeubles de gré à gré.

Vente de gré à gré d'offices ministériels et de navires.
28 — 0,50 p. 100.

APPLICATION PRATIQUE

DU DÉCRET DU 29 JANVIER 1927 PORTANT REVISION

DU TARIF DES NOTAIRES

PAR

Me Joseph GENET

Licencié en droit

Notaire à La Réole (Gironde)

TAUX DES MAJORATIONS SUR LE TARIF DU 25 AOUT 1898

I. — PREMIERE TRANCHE ET TRANCHE UNIQUE :

De 1 à 20.000 francs, 125 p. 100;
De 20.000 à 50.000 francs, 75 p. 100;
Au-dessus de 50.000 francs, 50 p. 100.

II. — DEUXIEME TRANCHE :

Jusqu'à 200.000 francs, 40 p. 100;
Au-dessus de 200.000 francs, 25 p. 100.

III. — TROISIEME TRANCHE ET TRANCHES SUIVANTES
25 p. 100.

REMARQUE

Les tableaux ci-après permettent de liquider rapidement et exactement les honoraires proportionnels dus sur un acte quelconque, honoraires dont le calcul n'exigera au maximum qu'une multiplication et une addition, les sommes étant liquidées pour toutes les tranches entières résultant de la combinaison des décrets des 25 août 1898 et 29 janvier 1927.

Les taux et tranches soulignés et portés en tête de chaque tableau sont ceux du tarif du 25 août 1898, qui doivent servir de base aux majorations.

EXEMPLES

I. — Calcul des honoraires sur une donation en ligne directe par contrat de mariage, de 245.000 francs.

Se reporter au tableau y afférent :
    (0,75 p. 100 de 1 à 100.000 francs, etc.)

Ce tableau donne pour 100.000 francs 1.293 75

Et il indique que, pour les 145.000 francs de surplus, l'honoraire est de 0,70 p. 100, soit 1,450 multiplié par 0,70 .....   1.015 00
                                                   ———————

Total de ces honoraires 2.308 75

II. — Calcul des honoraires sur une obligation de 450.000 francs.

Se reporter au tableau y afférent :
    (1 p. 100 de 1 à 200.000 francs, etc.)

Ce tableau donne pour 400.000 francs 4.625 00

Et il indique que, pour les 50.000 francs de surplus, l'honoraire est de 0,625 p. 100, soit 500 multiplié par 0,625 ....   312 50
                                                   ———————

Total de ces honoraires 4.937 50

III. — Calcul des honoraires sur une vente d'immeubles de gré à gré, de 75.000 francs.

Se reporter au tableau y afférent :
    (1 p. 100 de 1 à 300.000 francs, etc.)

Ce tableau donne pour 50.000 francs 975 00

Et il indique que, pour les 25.000 francs de surplus, l'honoraire est de 1,50 p. 100, soit 250 multiplié par 1,50 ....   375 00
                                                   ———————

Total de ces honoraires 1.350 00

§ 1. — HONORAIRES PROPORTIONNELS

I. — *Tranche unique.*

0,05 p. 100.

1 — Bordereau d'inscription.

0,1125 p. 100 sur 20.000 francs	22 50
0,0875 p. 100 sur 30.000 francs	26 25
Soit, sur 50.000 francs	48 75

0,075 p. 100 au-dessus de 50.000 francs.

0,10 p. 100.

2 — Bordereau de renouvellement d'inscription.
3 — Contrat d'assurance.
4 — Décharge de dépôt.
5 — Liquidation de reprises en nature.
6 — Mainlevée.

0,225 p. 100 sur 20.000 francs	45 00
0,175 p. 100 sur 30.000 francs	52 50
Soit, sur 50.000 francs	97 50

0,150 p. 100 au-dessus de 50.000 francs.

0,25 p. 100.

7 — Acceptation d'emploi par acte séparé.
8 — Affectation hypothécaire (baux).
9 — Antériorité (Consentement A).
10 — Cautionnement.
11 — Aval.
12 — Communauté avec apports.
13 — Constitution de pension alimentaire (A).
14 — Délivrance de legs.
15 — Promesse de vente.
16 — Prorogation de délai.

0,5625 p. 100 sur 20.000 francs	112 50
0,4375 p. 100 sur 30.000 francs	131 25
Soit, sur 50.000 francs	243 75

0,375 p. 100 au-dessus de 50.000 francs.

0,33 p. 100.

17 — Bail à loyer.

    0,7475 p. 100 sur 20.000 francs 148 50
    0,5775 p. 100 sur 30.000 francs 173 25

    Soit, sur 50.000 francs 321 75
    0,495 p. 100 au-dessus de 50.000 francs.

0,50 p. 100.

18 — Affectation hypothécaire.
19 — Bail à ferme, à nourriture, à pâturage, à colonage, à vie, d'ouvrage et d'industrie.
20 — Billet simple.
21 — Cautionnement.
22 — Constitution de pension alimentaire (B).
23 — Déclaration de privilège de second ordre.
24 — Délivrance de legs.
25 — Endossement.
26 — Engagement des gens de mer et théâtral. — Affrètement.
27 — Lettre de change.
28 — Vente de gré à gré d'offices ministériels et de navires.

    1,125 p. 100 sur 20.000 francs 225 00
    0,875 p. 100 sur 30.000 francs 262 50

    Soit, sur 50.000 francs 487 50
    0,75 p. 100 au-dessus de 50.000 francs.

1 p. 100.

29 — Bail à cheptel et à durée illimitée.
30 — Constitution de rente perpétuelle et de rente viagère à titre onéreux.

    2,25 p. 100 sur 20.000 francs 450 00
    1,75 p. 100 sur 30.000 francs 525 00

    Soit, sur 50.000 francs 975 00
    1,50 p. 100 au-dessus de 50.000 francs.

II. —*Tranches multiples.*

0,50 p. 100 de 1 à 100.000 francs.

0,25 p. 100 au-dessus.

31 — Contrat de mariage (Apports).

    1,125 p. 100 sur 20.000 francs 225 00

0,875 p. 100 sur 30.000 francs 262 50

Soit, sur 50.000 francs	487 50
0,75 p. 100 sur 50.000 francs	375 00

Soit, sur 100.000 francs	862 50
0,35 p. 100 sur 200.000 francs	700 00

Soit, sur 300.000 francs 1.562 50
0,3125 p. 100 au-dessus de 300.000 francs.

0,50 p. 100 de 1 à 200.000 francs.
0,25 p. 100 au-dessus.

32 — Quittance (A).

1,125 p. 100 sur 20.000 francs 225 00
0,875 p. 100 sur 30.000 francs 262 50

Soit, sur 50.000 francs 487 50
0,75 p. 100 sur 150.000 francs 1.125 00

Soit, sur 200.000 francs 1.612 50
0,35 p. 100 sur 200.000 francs 700 00

Soit, sur 400.000 francs 2.312 50
0,3125 p. 100 au-dessus de 400.000 francs.

0,75 p. 100 de 1 à 100.000 francs.
0,50 p. 100 de 100.000 à 500.000 francs.
0,25 p. 100 au-dessus.

33 — Contrat de mariage (Dots en ligne directe et entre époux).

1,6875 p. 100 sur 20.000 francs 337 50
1,3125 p. 100 sur 30.000 francs 393 75

Soit, sur 50.000 francs 731 25
1,125 p. 100 sur 50.000 francs 562 50

Soit, sur 100.000 francs 1.293 75
0,70 p. 100 sur 200.000 francs 1.400 00

Soit, sur 300.000 francs 2.693 75
0,625 p. 100 sur 200.000 francs 1.250 00

Soit, sur 500.000 francs 3.943 75
0,3125 p. 100 au-dessus de 500.000 francs.

0,75 p. 100 de 1 à 200.000 francs.
0,50 p. 100 au-dessus.

34 — Quittance (B).

1,6875 p. 100 sur 20.000 francs	337 50
1,3125 p. 100 sur 30.000 francs	393 75
Soit, sur 50.000 francs	731 25
1,125 p. 100 sur 150.000 francs	1.687 50
Soit, sur 200.000 francs	2.418 75
0,70 p. 100 sur 200.000 francs	1.400 00
Soit, sur 400.000 francs	3.818 75

0,625 p. 100 au-dessus de 400.000 francs.

0,75 p. 100 de 1 à 300.000 francs.
0,50 p. 100 de 300.000 à 1 million.
0,25 p. 100 au-dessus.

35 — Partage (C).

1,6875 p. 100 sur 20.000 francs	337 50
1,3125 p. 100 sur 30.000 francs	393 75
Soit, sur 50.000 francs	731 25
1,125 p. 100 sur 250.000 francs	2.812 50
Soit, sur 300.000 francs	3.543 75
0,70 p. 100 sur 200.000 francs	1.400 00
Soit, sur 500.000 francs	4.943 75
0,625 p. 100 sur 500.000 francs	3.125 00
Soit, sur 1 million	8.066 75

0,3125 p. 100 au-dessus de 1 million.

1 p. 100 de 1 à 100.000 francs.
0,50 p. 100 de 100.000 à 200.000 francs.
0,25 p. 100 au-dessus.

36 — Compte d'administration.

2,25 p. 100 sur 20.000 francs	450 00
1,75 p. 100 sur 30.000 francs	525 00
Soit, sur 50.000 francs	975 00

1,50 p. 100 sur 50.000 francs 750 00

Soit, sur 100.000 francs 1.725 00
0,70 p. 100 sur 100.000 francs 700 00

Soit, sur 200.000 francs 2.425 00
0,3125 p. 100 au-dessus de 200.000 francs.

1 p. 100 de 1 à 200.000 francs.

0,50 p. 100 de 200.000 à 500.000 francs.

0,25 p. 100 au-dessus.

37 — Adoption testamentaire.

38 — Contrat de mariage (Dots en ligne collatérale et entre étrangers).

39 — Distribution de deniers par contribution.

40 — Donation.

41 — Obligation.

42 — Ouverture de testament authentique.

2,25 p. 100 sur 20.000 .... 450 00
1,75 p. 100 sur 30.000 francs 525 00

Soit, sur 50.000 francs 975 00
1,50 p. 100 sur 150.000 francs 2.250 00

Soit, sur 200.000 francs 3.225 00
0,70 p. 100 sur 200.000 francs 1.400 00

Soit, sur 400.000 francs 4.625 00
0,625 p. 100 sur 100.000 francs 625 00

Soit, sur 500.000 francs 5.250 00
0,3125 p. 100 au-dessus de 500.000 francs.

1 p. 100 de 1 à 300.000 francs.

0,50 p. 100 de 300.000 à 600.000 francs.

0,25 p. 100 au-dessus.

43 — Cession de biens.

44 — Vente d'immeubles de gré à gré.

45 — Vente de gré à gré de fonds de commerce et de meubles et objets mobiliers.

2,25 p. 100 sur 20.000 francs 450 00
1,75 p. 100 sur 30.000 francs 525 00

Soit, sur 50.000 francs 975 00

1,50 p. 100 sur 250.000 francs 3.750 00

Soit, sur 300.000 francs 4.725 00
0,70 p. 100 sur 200.000 francs 1.400 00

Soit, sur 500.000 francs 6.125 00
0,625 p. 100 sur 100.000 francs 625 00

Soit, sur 600.000 francs 6.750 00
0,3125 p. 100 au-dessus de 600.000 francs.

1 p. 100 de 1 à 500.000 francs.
0,75 p. 100 de 500.000 à 1 million.
0,50 p. 100 de 1 à 2 millions.
0,25 p. 100 de 2 à 5 millions.
0,125 p. 100 au-dessus.

46 — Liquidation de reprises.
47 — Partage (A).
48 — Partage anticipé ou d'ascendants.
2,25 p. 100 sur 20.000 francs 450 00
1,75 p. 100 sur 30.000 francs 525 00

Soit, sur 50.000 francs 975 00
1,50 p. 100 sur 450.000 francs 6.750 00

Soit, sur 500.000 francs 7.725 00
1,05 p. 100 sur 200.000 francs 2.100 00

Soit, sur 700.000 francs 9.825 00
0,9375 p. 100 sur 300.000 francs 2.812 50

Soit, sur 1 million 12.637 50
0,625 p. 100 sur 1 million 6.250 00

Soit, sur 2 millions 18.887 50
0,3125 p. 100 sur 3 millions 9.375 00

Soit, sur 5 millions 28.262 50
0,15625 p. 100 au-dessus de 5 millions.

1,50 p. 100 de 1 à 10.000 francs.
0,75 p. 100 au-dessus.

49 — Vente par adjudication de créances, droits incorporels et fonds
de commerce.
3,375 p. 100 sur 10.000 francs 337 50

1,05 p. 100 sur 200.000 francs 2.100 00

    Soit, sur 210.000 francs 2.437 50
0,9375 p. 100 au-dessus de 210.000 francs.

2 p. 100 de 1 à 10.000 francs.
1,50 p. 100 de 10.000 à 500.000 francs.
1 p. 100 de 500.000 à 1 million.
0,50 p. 100 au-dessus.

50 — Vente d'immeubles par adjudication volontaire.
    4 p. 100 sur 10.000 francs 400 00

    4,50 p. 100 sur 10.000 francs 450 00
    2,10 p. 100 sur 200.000 francs 4.200 00

    Soit, sur 210.000 francs 4.650 00
1,875 p. 100 sur 290.000 francs 5.437 50

    Soit, sur 500.000 francs 10.087 50
1,25 p. 100 sur 500.000 francs 6.250 00

    Soit, sur 1 million 16.337 50
0,625 p. 100 au-dessus de 1 million.

Observation. — Il n'y aura jamais lieu pour les notaires du ressort de la Cour d'appel de Bordeaux à l'application de la deuxième partie de l'avant-dernier alinéa de l'article 10 du décret du 29 janvier 1927, l'honoraire maximum de 4 p. 100 étant toujours supérieur à l'honoraire de 1898 majoré de 25 p. 100.

§ 2. — HONORAIRES GRADUES

51 — Déclaration de command.
    De 1 à 1.000 francs 9 00
    De 1.001 à 5.000 francs 18 00
    De 5.001 à 10.000 francs 27 00
    Au-dessus de 10.000 francs 36 00

52 — Formalités (Transcriptions hypothécaires).
    Sur un capital de moins de 500 francs 3 40
    Sur un capital de moins de 1.000 francs 5 65
    Sur un capital de moins de 2.000 francs 7 90
    Sur un capital de moins de 5.000 francs 13 50
    Sur un capital supérieur à 5.000 francs 18 00

BORDEAUX
IMPRIMERIE CADORET
17, rue Poquelin-Molière

www.ingramcontent.com/pod-product-compliance
Lightning Source LLC
LaVergne TN
LVHW020553060726
842525LV00004B/1442